RÉPONSE

A L'ÉCRIT INTITULÉ:

PRÉCIS DE L'ÉTAT ACTUEL

DE LA CORSE, PAR VOLNEY,

Inséré dans la Gazette Nationale, ou Moniteur Universel, n°. 79 & 80.

Suivie d'une Adresse du Général PASCAL PAOLI aux Corses Libres & Français.

De l'Imprimerie de MAYER, & Compagnie, rue Saint-Martin, N°. 219, à côté de celle Venise.

RÉPONSE

A L'ÉCRIT INTITULÉ:

PRÉCIS DE L'ÉTAT ACTUEL

DE LA CORSE, PAR VOLNEY,

Inséré dans la Gazette Nationale, ou Moniteur Universel, n°. 79 & 80.

LE CITOYEN VOLNEY annonce qu'il est arrivé depuis peu de l'Isle de Corse, qu'il y a séjourné un an tout entier, qu'il est en état de présenter à la Nation Française un tableau complet de cette portion d'elle-même, dont on l'occupe beaucoup & qu'on connoit peu ; mais que ce travail exigeant du tems, & la notoriété de certains faits devenant de plus en plus urgente, il s'est déterminé à anticiper quelques résultats.

Il se croit d'autant plus obligé à publier ces résultats, qu'appellé, dit-il, en Corse par une Assemblée électorale du pays pour régénérer cette Nation, il lui importe de faire connoître qu'il est toujours digne de la confiance dont on l'a honoré, & en conséquence il donne comme *faits résultans d'une année d'observations*, une série d'assertions infiniment hazardées, lesquelles il a classées sous sept numéros.

Je déclare moi au contraire comme faits résultans de *vingt années* d'observations,

1°. Que le citoyen Volney, en communiquant à la France ses propres préventions sur la Corse & sur ses habitans, n'a eu pour objet que de persuader que cette

A

portion intégrante de la République Française, ne devoit être regardée par celle-ci, que du même œil dont l'antique Sparte envisageoit ses Ilotes, & qu'en faisant entendre que la Corse n'est d'aucune utilité pour la France, mais qu'aucontraire ce Département lui est infiniment à charge, le Citoyen Volney a voulu, autant qu'il étoit en lui, porter atteinte aux principes solemnellement consacrés sur l'unité & l'indivisibilité de la République.

2°. Qu'il n'est pas vrai que la Corse par sa Constitution physique, par les mœurs & le caractère de ses habitans diffère totalement du reste de la France, & que l'on en peut juger par la comparaison de tout autre Département; car c'est une vérité essentiellement reconnue par tous les bons esprits qui ont observé la Corse pendant plus d'une année, qu'il y a bien moins de différence entre elle & les Départemens de Provence ou de Languedoc, qu'il n'y en a entre ceux-ci & les Départemens de la Flandre ou de l'Artois.

3°. Qu'il n'est pas vrai, que par la nature du Gouvernement sous lequel les Corses ont vécu, ils ayent contracté des habitudes vicieuses, *participant de l'état de sauvage ou d'une civilisation commencée*; car l'hospitalité, l'amour de la justice & la soumission aux Loix ont toujours été le caractère distinctif des Corses, & l'on peut dire que c'est l'espoir d'avoir un jour de bonnes loix, de les voir régner également sur toutes les têtes, sous les auspices de l'Égalité & de la Liberté, qui a maintenu la tranquillité en Corse depuis le commencement de la révolution, tandis que la révolte a éclaté dans d'autres Départemens. Le Corse attend le bien avec patience, en l'attendant il est fidèle à ses sermens; voilà les traits qui lui sont propres depuis des siècles, & certes on n'y reconnoîtra pas ces habitudes vicieuses qui participent de l'état de sauvage ou d'une civilisation imparfaite qui est pire encore que cet état.

4°. On ne peut pas appeller une petite société une population de deux cent mille âmes; ce dénomination convient au plus à une peuplade de cinq à six mille habitans. Ensuite il n'est pas vrai que la Corse soit pauvre par son sol; car on sait qu'en général ce sol est fertile, & que, s'il y avoit assez de bras pour le cultiver, la Corse pourroit pourvoir à la subsistance de plus de quinze cent mille âmes sans aucuns secours étrangers. Il n'est pas vrai que les Corses ayent été corrompus par le plus pervers des Gouvernemens, le Gouvernement Génois, puisque c'est précisément pour se garantir de cette corruption, que pendant plus de soixante années les Corses ont eu les armes à la main contre ce Gouvernement qu'ils abhorroient. S'ils ont été asservis, comme le dit le citoyen Volney, par le sceptre sévère des Français, il étoit tout naturel qu'à la Révolution, ils chassassent de chez eux tous les employés corrupteurs ou corrompus, que le Gouvernement Français leur avoit envoyés: conclure de-là que les Corses se sont trouvés sans instructions pour l'Administration, c'est bien raisonner comme un observateur d'un an; car d'abord on sait qu'il y avoit en Corse, tant dans l'Administration civile que dans l'Administration judiciaire, une foule de naturels du pays; on sait encore, excepté peut-être le citoyen Volney, que les Corses nés avec un jugement sain, beaucoup d'esprit & de pénétration, & ayant généralement de l'aptitude pour toutes les sciences il ne leur étoit certainement point difficile de saisir celle de l'Administration, sur-tout d'après les bases simples & claires qui avoient été posées par l'Assemblée Constituante.

5°. Le Citoyen Volney les accuse d'avoir établi un sistème de mistère dans cette Administration, d'après lequel les députations ont toujours caché à la France l'état intérieur de l'Isle, de peur, dit-il, que, si les abus eussent été divulgués, la Corse n'eut été décriée & que la France ne se fut dégoûtée de sa possession.

On ne conçoit pas comment le Citoyen Volney a pu donner comme une assertion sérieuse une pareille absurdité. Est-ce que le département de Corse ne rend pas un compte exact au Ministre des Contributions comme au Ministre de l'Intérieur, de toutes les dépenses & de tout ce qui concerne l'Administration? Est-ce que les Ministres ne savent pas à livres, sous & déniers, & la quantité des fonds qu'ils font passer en Corse & leur emploi, & la masse des contributions qu'ils retirent de ce Département? Sans doute que la Corse ne produit pas encore les contributions qui peuvent être nécessaires pour atteindre au montant de ses dépenses; mais est-ce de ce fait qu'il faut partir pour apprécier de quelle importance la possession de la Corse peut être pour la République Française? Il semble au contraire qu'en observateur consommé, le Citoyen Volney, n'eut dû apprécier cette importance que par la situation physique de la Corse au milieu d'une mer où il est avantageux pour nous de posséder plusieurs ports, que par l'utilité dont cette position peut être pour notre commerce du Levant, que par la prospérité enfin à laquelle la Corse peut atteindre en s'administrant elle même & en lui procurant les secours nécessaires pour les différentes améliorations dont elle a besoin. Ce ne sont pas les employés Français qu'il faut regretter de ne plus voir dans cette Isle; une expérience de plus de trente années a donné la preuve que d'une immensité de millions que la France a versés en Corse pour son amélioration, il n'y en a pas été employé peut-être cinq à six; & que tout le reste a été soigneusement recueilli par ces employés & les administrateurs en chefs; de manière qu'il n'y a aucun d'eux qui n'y ait fait une fortune plus ou moins considérable, ce qui fut devenu physiquement impossible, si dans un pays aussi pauvre que le point le C. Volney, les fonds n'eussent pas été détournés de leur destination.

Lorsque cette expérience a donc dû mettre les Corses en garde contre tous les *faiseurs* Français, & d'après cela il ne faut plus s'étonner si ceux d'entre-eux, qui aspiroient à occuper les premières places dans l'Administration du Département, & qui ont été déçus de leurs espérances témoignent aujourd'hui du mécontentement.

Dans le paragraphe auquel nous répondons, le Citoyen Volney fait la récapitulation des sommes que la Corse coûte annuellement à la France, & de la faible contribution qu'elle lui procure en retour ; il assure que la France verse à peu près six millions dans cette Isle, & qu'elle n'en retire que trois cent mille livres de contributions.

On peut donner comme un fait certain que sous l'Administration du Général Paoli, les contributions de l'Isle ne se sont jamais élevées à plus de cent vingt mille liv., & que cette somme étoit suffisante pour faire face à toutes les dépenses du Gouvernement. Il est possible que les calculs du Citoyen Volney ne soient pas exacts ; il est possible que les trois cent mille livres de contributions que supporte la Corse, ne suffisent pas pour toutes les dépenses de ce Département ; mais encore une fois ce n'est pas de ce point qu'il faut partir pour envisager de quelle utilité la Corse peut être à la République Française : c'est uniquement & de sa position, & de l'amélioration dont elle est susceptible, & du commerce & de l'industrie que l'on peut y faire naître & qui peuvent un jour mettre cette contrée au niveau des autres Départemens.

6°. Il n'est guère possible de suivre pied-à-pied le Citoyen Volney dans toutes ses assertions sur la Corse & ses Administrateurs ; ses assertions sont toutes marquées au coin de l'inexatitude ou de la plus extrême prévention : par exemple comment croire le Citoyen Volney, quand il assure que les biens écclésiastiques de Corse ne valent pas quatre cent mille livres, tandis que l'état estimatif qui en a été fait & qui a été envoyé à la Caisse de l'Extraordinaire, les porte à près de quatre millions? Comment le croire quand il assure, qu'il n'y a en Corse ni Liberté politique, ni Liberté civile, tandis que les Corses avoient joui de l'une & de l'autre pendant plusieurs années avant la conquête des Français, & qu'ils ont e.. bientôt resaisi l'une & l'autre au moment de la Révolution dont ils ont été & seront toujours les plus zélés partisans ? Comment le croire enfin, quand il dit que les places de l'Administration s'y mendient, s'y achètent, s'y calculent comme une denrée, tandis qu'il n'est que trop vrai, & c'est là ce qui cause toute sa peine, que malgré tout son mérite il n'a pu parvenir à se faire élire Procureur Général Syndic du Département?

Faut-il maintenant demander pourquoi tant d'inexactitude, tant d'humeur, tant d'accusations mensongères dans les résultats du Citoyen Volney? pourquoi tant de sorties indécentes contre PAOLI, dont le citoyen Volney sollicita assidûment la bienveillance tant qu'il eut besoin de son appui? contre Salicetti, Député à la Convention nationale, qui lui donna généreusement, & pendant huit mois l'hospitalité? contre Pozzo dit Borgo ex-député à l'Assemblée législative qui n'a d'autre tort envers lui, que de lui avoir été préféré pour cette place de Procureur Général Syndic du Département?

Le Citoyen Volney fournit lui-même la réponse à ces demandes, il avoit été, dit-il, appellé en Corse *pour régénérer le pays*, & après avoir connu le citoyen Volney, les Corses ont pensé qu'il étoit peu propre à cette régénération; il avoit tenté d'établir une Gazette qui devoit circuler dans toute la Corse, & il avoit exigé que chacune des Municipalités de l'Isle souscrivît un abonnement; mais les Municipalités, qui avoient lû quelques ouvrages du citoyen Volney, crurent s'appercevoir qu'il avoit des principes d'athéisme, & se défiant de ses idées politiques comme de ses principes religieux, elles rejettèrent cet abonnement. Tels sont les véritables motifs qui ont déterminé les observations que le Citoyen Volney donne comme les résultats certains d'une année d'examen sur tout ce qui intéresse la Corse; il eut mieux fait sans doute d'employer cette année à cultiver la bienveillance des habitans, & à soutenir auprès d'eux l'opinion avantageuse que des personnes accréditées s'étoient plu à donner de lui.

CONSTANTINI,
Électeur au Département de Corse,

& *Député extraordinaire de la ville de Bonifacio.*
Paris ce 15 Avril 1793.
L'AN DEUXIÈME DE LA RÉPUBLIQUE FRANÇAISE.

N. B. Le Citoyen Volney ayant eu communication de la réponse ci-dessus, s'est empressé de faire insérer dans le N°. 124 du Moniteur, que c'étoit par l'effet d'une erreur typographique, que les biens du Clergé de Corse estimés quatre millions, n'avoient été portés dans son précis sur l'état actuel de la Corse, qu'à quatre cent mille livres.

Il s'est écoulé plus de trois semaines, entre la publication de l'écrit du Citoyen Volney et la communication de cette réponse; pendant cet intervale le Citoyen Volney a eu plus de tems qu'il ne lui en falloit pour reconnoître l'erreur typographique sur cette partie importante de ses assertions, et la faire vérifier ; mais comme il étoit de l'intention du Citoyen Volney de dépriser la Corse, dans toutes ses parties, et d'affaiblir autant que possible les ressources qu'elle présente, le Citoyen Volney a paisiblement gardé le silence jusqu'au moment ou il s'est vu démenti, pièces en mains. D'après cette conduite astucieuse, il ne faut pas faire de profondes réflexions pour apprécier le mérite du précis du Citoyen Volney, et pour juger de la bonne foi de ce *célèbre observateur.*

CONSTANTINI.

Ce 12 Mai 1793, l'an deuxième de la République Française.

Aux Corses libres & Français.

LE CITOYEN
PASCAL PAOLI,
Lieutenant - Général Commandant en chef la 23ème. Division militaire de la République.

A LA fin d'une carrière laborieuse dévouée sans cesse à la défense de la Patrie & de la Liberté, sans laquelle il n'est point de Patrie, après les démarches que j'ai faites depuis trois ans, pour répondre à vos désirs & aux invitations réitérées, qui m'appelloient parmi vous pour partager vos efforts & assurer à notre pays les avantages de la Liberté recouvrée, après les témoignages solemnels que j'ai donné de mes sentimens, soit en public, soit en particulier, aux représentans de la Nation dont nous faisons partie depuis le commencement de la révolution, je ne devois pas m'attendre qu'un jour viendroit où la calomnie par des machinations multipliées & des manœuvres du genre le plus odieux, s'occuproit à répandre des soupçons sur la loyauté de mes intentions, & sur la sincérité de mon attachement à la République. Fort de la pureté de mes sentimens, &, si je puis m'en flatter, des témoignages constans de votre confiance, tant que ces manœuvres ont été enveloppées des ténèbres propres à la lâcheté, je les ai regardées avec le mépris qu'elles ont dû inspirer dans le cœur de tous les bons Citoyens ; mais lorsque la calomnie sans aucun ménagement les reproduit avec autant d'audace que de malignité dans le sein même de la Convention nationale, lorsqu'un Membre du Conseil exécutif, un des Ministres de la République ose avancer par des imputations vagues, tout ce que la détraction la plus effrénée n'avoit hasardé jusqu'ici que par la voie des journaux, & sous le masque de l'anonime, je dois à mon honneur si impudemment attaqué, je dois à la confiance dont m'a honoré le gouvernement national, & à la vôtre, de repousser les traits injurieux à mon patriotisme, par une publicité proportionée à l'importance des imputations ; je suis contraint de confondre l'imposture soutenue par l'autorité, & d'éclairer le public impartial sur ma conduite & mes résolutions dans les circonstances actuelles.

Le C. Clavière, Ministre des Contributions Publiques, dans son compte rendu, imprimé le 7 Février dernier, instruit la Convention nationale, que le Département de la Corse se trouve jusqu'ici parmi ceux qui ont le moins

moins versé au trésor public du contingent auquel ils ont été exposés. Pour expliquer cette lenteur, un ministre sans prévention eut reconnu des obstacles réels dans la modicité de nos ressources naturelles, dant l'état désastreux où le pays avoit été réduit pas des guerres intestines & étrangères, soutenues pendant long-tems pour recouvrer la liberté, dans les suites désolantes d'un régime oppressif introduit par la conquête, & prolongé pendant ving-années, dans la difficulté enfin d'asseoir promptement, & avec succès le sistême compliqué du nouvel impôt ; mais toutes ces considérations quelque soit leur poids, ne sont rien pour lui ; il aime mieux se livrer à ses propres conjectures, il aime mieux en rejetter entièrement la cause sur le peu de zèle, dont le peuple Corse est animé pour contribuer aux charges nationales. Ce peuple, à la vérité, il affecte de le croire, du moins la plutpart, attaché à la République ; il pense même que cet attachement n'a pu qu'augmenter depuis que les Corses partagent avec les Français la liberté, qu'ils ont recouvrée par la révolution ; mais il n'hésite pas à assurer l'instant après, que s'ils contribuent si peu aux charges de l'état, ce ne peut être qu'à cause des *intrigues d'un perfide intermédiaire qui abuse de son ascendant sur eux, soit pour satisfaire son intérêt personnel, soit pour seconder ceux d'une puissance Étrangère* : il ajoute que livrés à ses séductions, les Corses pourroient se laisser entraîner dans des trames & des rapports contraires aux intérêts de la République.

C'est ainsi que ce ministre outrageant à la fois votre loyauté & la mienne, désigne les Corses comme une troupe d'esclaves, dont la Liberté & le civisme consistent dans un dévouement absolu aux suggestions d'un homme sans caractère & sans principes, & moi comme un individu immoral & versatile vendu aux vues, & aux intérêts de l'Angleterre.

Quand on respecte si peu la morale des Nations, & des Citoyens qui s'y distinguent ; quand on ose avancer

B

des imputations aussi atroces sans alléguer des faits, & sans les appuyer de preuves au dessus de tout reproche, on ne justifie pas trop la confiance publique, on ne se démontre pas bien digne de partager la direction du Gouvernement d'une Nation grande & sensible, dont les magistrats devroient cultiver avec soin les dispositions généreuses & habituelles pour tout genre de vertu publique, autant qu'il convient de provoquer son ressentiment & sa méfiance contre les trahisons & les perfidies, qui, après tant de siècles de corruption & d'esclavage, ne se manifestent que trop souvent sous le masque du faux zèle, & du patriotisme exagéré.

Eh! sur quels motifs a-t-il pu fonder, ce Ministre, une conjecture aussi injurieuse à un Peuple entier qu'à un Citoyen honoré jusqu'ici de l'opinion favorable de ses contemporains? Comment ce Peuple a-t-il pu mériter un si cruel reproche, lui, qui dans le siècle où nous sommes a été le premier à secouer le joug de l'oppression, & à réclamer la Liberté, apanage naturel des Nations; lui, qui dans le dénuement absolu de toute ressource capable de lui offrir un espoir fondé de succès, l'a soutenue pendant plus de quarante années au prix de son sang; lui qui a osé résister aux efforts combinés de ses tyrans originaires, secondés tantôt par les phalanges mercenaires de la cour de Vienne, tantôt par celles du cabinet despotique de Versailles? ce peuple qui a vu le sacrifice d'une partie de sa génération actuelle, & dont une autre a su renoncer à la patrie même, devenue esclave par la conquête, ce peuple apprécie donc si peu la Liberté, dans un moment où elle lui est assurée par des moyens aussi grands que la République dont il fait partie, est-il donc si stupide, si indifférent aux avantages, & aux jouissances qu'elle lui procure, pour qu'il soit prêt à les sacrifier au gré d'une puissance étrangère, ou à l'ambition perfide d'un seul individu! Et cet individu, chers Concitoyens, qui n'est chéri parmi vous, qui n'est connu de ses contemporains, que pour avoir partagé vos travaux & vos périls dans la carrière de la Liberté ; qui doit à ce seul titre l'opinion favorable avec laquelle son nom a été accueilli par les patriotes de toutes les nations ; qui n'a survécu à la perte de la Liberté, dont il avoit dirigé la défense, que dans l'attente d'une meilleure destinée ; cet homme est-il donc fait pour la sacrifier si légèrement à son intérêt personnel, ou à celui d'une puissance étrangère ? Eh ! quel intérêt peut être comparé à l'amour de la Patrie, de l'estime publique, de la gloire, aux yeux d'une âme non avilie ? quelle nation, où le sentiment de sa propre dignité, de la dignité de l'homme, ne seroit pas éteint entièrement, pourroit recevoir & regarder un traître sans mépris & sans exécration ? Qu'il la méconnoît le ministre calomniateur, cette nation étrangère à laquelle il fait allusion dans son discours, s'il pense que la trahison & la perfidie puissent jamais devenir des titres à sa considération & à son estime ! Les exemples de magnanimité y sont trop fréquens en tout genre, & ce n'est que dans son cœur lâche & pervers qu'il peut avoir puisé le dessein qu'il me prête, de retourner, couvert d'infamie, recueillir le prix de la trahison dans un pays où la bienveillance de tous les bons citoyens m'a fourni pendant vingt années les soulagemens les plus doux & les plus flatteurs, dans l'éloignement volontaire de ma patrie asservie.

Que si je m'étois proposé de servir les prétendus intérêts de l'Angleterre, au détriment de ceux de ma patrie, ne m'étoit-il pas plus naturel & plus facile d'entamer, restant là, les mêmes intrigues dont le ministre méfiant cherche maintenant à me rendre suspect ? je n'eusse pas entrepris le voyage de Paris ; j'eusse évité les engagemens contractés à la face de la France entière, d'affermir, autant qu'il étoit en moi, la réunion de la Corse ; j'eusse évité le reproche d'une trahison. N'avois-je pas lieu d'en espérer alors un succès plus favorable ? La sublimité des principes auxquels l'Assemblée Constituante s'étoit élevée, ne lui permettoit plus de refuser à la Corse l'indépendance naturelle à toutes les nations, puisque sa justice même l'avoit contrainte à en déclarer la conquête illégitime & tyrannyque : la reconnoissance envers la nation Française n'avoit encore pu se fixer bien profondément dans ce pays, le souvenir de ses malheurs étoit encore trop récent, & n'avoit pu être effacé par les bienfaits sans nombre dont les Corses ont été comblés depuis la révolution, & par lesquels les représentans de la France, expiant l'usurpation violente de ce pays par leurs tyrans, ont si bien justifié le vœu des Corses, de partager la Liberté avec les Français, au lieu d'en jouir dans leur indépendance originaire.

Mais quand on a un nom, un caractère, & une âme capable d'en sentir le prix ; quand on a fait l'apprentissage de la vertu dans l'adversité ; quand on a vieilli dans la carrière de l'honneur, & dans la résistance aux séductions, ainsi qu'aux menaces des despotes, on peut affronter la calomnie avec calme, & la braver sans crainte.

Vous qui connoissez mes sentimens habituels, chers Concitoyens, qui pouvez en juger, & par ceux que je vous ai recemment adressés par ma lettre circulaire du mois dernier, que je dois rappeller ici à votre mémoire, & par la conduite de ma vie entière, vous me pardonnerez, j'espère, l'indignation profonde, avec laquelle je suis forcé de repousser les inculpations criminelles faites à votre loyauté & à la mienne : ce n'est pas un sentiment d'orgueil qui m'a dicté le langage fier avec lequel j'ai du vous rappeller tout ce qui m'a donné jusqu'ici quelque droit à votre confiance. Je dois d'autant plus me flatter de votre indulgence, que je n'ai cessé de renouveller au Conseil-Exécutif national l'assurance de mes sentimens envers la République. Vous verrez par les copies des lettres ci-jointes, côtées N°. I & II, adressées à différens Ministres, (*nota*) & dont celui des Contributions-Publiques même, a du avoir connoissance avant l'époque de son compte rendu, que je n'ai rien négligé pour prévenir les effets de la calomnie, dont les traits envenimés se lançoient déjà contre moi depuis quelque tems.

Je n'ai pas lieu de craindre que les Français accueillent favorablement des imputations aussi absurdes qu'immorales : ils sont trop généreux pour se douter que je puisse jamais répondre de la sorte à l'entousiasme avec lequel je fus reçu parmi eux, & aux témoignages d'intérêt & d'estime qu'ils me prodiguèrent dans le sein de leur Patrie : ces témoignages seront la plus douce consolation de mes derniers jours, comme ils ont été l'époque la plus glorieuse de ma vie.

Au reste, quelque profonde que seroit la douleur dont je serois pénétré, si un changement de la sorte, sur mon compte, pouvoit jamais avoir lieu dans l'opinion de la grande Nation dont nous faisons partie ; quelque vivement mortifié que je serois de m'appercevoir que la malveillance & la calomnie eussent laissé des impressions durables dans l'esprit de la Convention nationale même, je trouverois toujours dans le calme de ma conscience, & dans les marques incessantes que je reçois de votre confiance, chers compatriotes, une source intarissable de consolation & de courage. Je n'ignorois pas que pour servir la cause publique, le bon Citoyen doit affronter toute espèce de danger, de persécution & de dégoût ; & ces malheurs ne pourront jamais attiédir l'ardeur de mon attachement à la Patrie & à la République, tant que je pourrai me flatter de les servir utilement.

Cependant, si les attaques réitérées de la calomnie me forçoient à abandonner les fonctions que le Gouvernement national m'a confiées ; & si la méfiance m'obligeoit de me démettre d'une place que la seule voix de la Patrie en danger, & le besoin du moment m'avoient fait accepter, je rentrerai sans regrets, comme sans remords, dans le rang de simple Citoyen ; & là protégé par les loix & par votre bienveillance, rien ne sera plus l'objet de mes vœux, que l'occasion de terminer avec le sacrifice de ma vie même, ceux que j'ai pu offrir jusqu'ici à la Patrie & à la Liberté : quelque prix que la générosité habituelle de vos sentimens envers moi, attache à ces sacrifices, ils ne seront jamais proportionnés dans mon esprit, à mes obligations envers vous, & à ma reconnoissance sans bornes.

Pour copie conforme à l'Original dont un exemplaire imprimé est entre mes mains.

Paris ce 15 Mai 1793, l'an deuxième de la République Française.

CONSTANTINI,

Électeur au Département de Corse, & Député extraordinaire de la ville de Bonifacio.

N. B. *Bien loin que l'incivilisation puisse être reprochée aux Corses, il est de fait que des jurisconsultes Français très exercés admirent sincèrement & lisent avec l'approbation la plus soutenue, le code civil des Corses. Il a été imprimé à Bastia en 1694, en Italien, sous le titre de* statuti, civili dell'isola di Corsica. *En 1764, Serval Avocat en Parlement, le traduisit en Français, & le fit imprimer à Toulon avec le texte Italien à côté. On y renvoie avec confiance l'observateur Volney.*

L'AN SECOND DE LA RÉPUBLIQUE FRANÇAISE.

www.ingramcontent.com/pod-product-compliance
Lightning Source LLC
Chambersburg PA
CBHW071436060426
42450CB00009BA/2208